CHACUN
SES ACTIONS
SURTOUT
A LA GUERRE.

CHACUN
SES ACTIONS
SURTOUT
A LA GUERRE,

OU

Examen critique du précis historique des campagnes de 1813 et 1814, en Italie, de M. le Lieutenant-Général Comte de Vignolles.

PAR ANTOINE-REMI BLADINIÈRES,

OFFICIER DE LA LÉGION D'HONNEUR, ET COMMANDANT DU 52.ᵐᵉ, A CES CAMPAGNES.

A PARIS,

Chez les Marchands de Nouveautés.

CHACUN
SES ACTIONS
SURTOUT

A LA GUERRE.

C'EST en 1825, que j'ai lu pour la première fois, le précis historique des campagnes de 1813 et 1814 de l'armée française en Italie, par le chef de l'état-major général de cette armée, daté de Paris, le 1.er Janvier 1816.

Quoique depuis cette époque il se soit écoulé un laps de temps assez considérable, j'ai cru devoir prendre la plume pour rectifier plusieurs faits dénaturés dans cet ouvrage. J'y ai été d'autant plus déterminé que ce sont ces deux campagnes des armées françaises, qui attesteront à la postérité que, malgré les malheurs inouis qu'éprouva notre belle patrie, par suite de l'intempérie des saisons, lors de l'expédition en Russie, nous ne cessâmes pas de déployer contre l'Europe conjurée , l'exaltation de ce même courage , qui nous l'avait asservie , et que si nous fûmes trahis par le sort , nous sûmes du moins commander l'estime. Chacun de nous se retrace avec orgueil le souvenir de ces nombreux combats , et tous , nous restons jaloux de la portion de gloire que nous avons pu y acquérir.

Monsieur le lieutenant - général comte de Vignolles , sous le nom duquel l'ouvrage dont je viens de parler a paru , a pensé sans doute que les fonctions qu'il venait de remplir lui imposaient l'obligation de tracer ce précis ; mais moins heureux que ses devanciers , les matériaux lui ont manqué.

Le Général en chef , l'illustre Prince Eugène, fut forcé par un de ces coups qui changent la destinée des Empires , de quitter le commandement d'une armée avec laquelle il avait échangé les sentiments les plus généreux d'estime et de dévouement , et de passer au quartier-général de l'armée ennemie.

Le Prince Eugène fit ses adieux à son armée, partit de Mantoue avec toute sa famille et ses nombreux équipages , escorté jusqu'aux avant-postes de l'armée Autrichienne.

On comprendra facilement , que le Prince dût prendre avec lui tous les papiers relatifs au commandement qu'il avait si glorieusement exercé , et que son chef d'état-major resta avec la situation et la composition de l'armée.

Notre armée d'Italie , ramenée en France par le Lieutenant-Général , comte Grenier , dont la vie peut être comparée à celle des Fabricius et des Bayards , fut dissoute à sa rentrée. Les régiments reçurent immédiatement après une nouvelle organisation ; quelques-uns furent incorporés. Tous ces évènements conduisirent une quantité considérable d'officiers-généraux et de tous grades , à la capitale.

C'est là que M. le général de Vignolles entreprit son *Précis historique* ; il crut sans doute que les renseignements qu'il était à même de prendre de toute part , suppléeraient aux documents officiels que le général en chef avait emportés avec lui.

M. le général de Vignolles a laissé surprendre sa bonne foi ; les renseignements complaisans, fournis par des officiers, pour écrire l'histoire de la guerre qu'ils ont faite, peuvent être entachés de partialité ; l'égoïsme, l'ambition, peuvent les égarer.

Retiré dans les lieux qui m'ont vû naître et où j'ai été ramené prématurément par l'effet de nos malheurs publics, il ne me reste pour supporter une vieillesse anticipée à force de fatigues, de périls et de sang versé, que la satisfaction d'avoir toujours rempli honorablement mes devoirs. J'ai consacré mon bras au service de mon pays, et tant qu'une goutte de sang coulera dans mes veines, je serai prêt à courir au poste, qu'au nom du Roi, on voudra m'assigner ; c'est le vœu que j'ai fait. Les persécutions que j'ai endurées, celles qui pourraient encore m'être réservées, rien jamais ne parviendra à effacer en moi, l'ardent amour de ma patrie : avec de tels sentimens, qui sont ceux d'un soldat de vocation, on doit tenir aux actions de guerre qui vous sont propres ; si quelque autre s'en est emparé on l'en dépouille : d'ailleurs un vieux soldat n'est jamais moralement malheureux, quand il peut se glorifier de quelques faits d'armes, il attend sans remords, comme sans crainte, cette mort qu'il a bravée dans tant de combats.

Je n'entends m'occuper de cet ouvrage, qui traite de deux campagnes que j'ai faites, que pour ce qui est relatif au bataillon détaché du 52.ᵐᵉ régiment de ligne, que j'avais l'honneur d'y commander et ce qui touche à ma personne; je veux rétablir la vérité en ce qui nous concerne : si mon nom ne s'y fut pas trouvé, je n'aurai pas entrepris cette tâche; mais puisqu'il s'y trouve, il doit être accompagné de mes actions; je ne veux que les miennes.

M.ʳ le général de Vignolles, dit (page 150) « Le Roi de Naples et le général autrichien » Nugent, combinèrent l'envoi d'un corps » sur Sacca, au-dessus de Casal-Maggiore, » afin d'y passer le Pô et y établir un pont ; » un parti de 400 hommes environ de troupes » Napolitaines s'était avancé jusqu'à Casal- » Maggiore, etc, etc. Le général Bonnemains » eut ordre de se rendre avec sa brigade et » le bataillon du 52.ᵐᵉ régiment commandé

» par le chef de bataillon Bladinières , (1) à
» Sacca, il y attaqua le 27 février les Austro-
» Napolitains , et malgré la supériorité de
» leurs forces , leurs nombreuses batteries et
» l'avantage de la position , il les obligea à
» repasser la rivière , détruisit leur pont , dont
» presque tous les bâteaux furent recueillis à
» Casal-Maggiore. Le général Bonnemains eut
» à se louer de la bravoure et de l'intelligence
» du chef de bataillon Bladinières etc. , etc. »

Je ne puis accepter la mention honorable qu'on fait de mon courage , sous les ordres de M.ʳ le général Bonnemains à Sacca , le 27 février : je n'ai jamais fait avec ce général , que l'arrière-garde de l'armée , de Bassano à Verone ; mon bataillon était le seul qui fût avec sa brigade de cavalerie , j'eus beaucoup à me louer de sa bienveillance pour moi et pour ma troupe, mais je n'étais pas avec lui le 27 février à Sacca , puisque je me trouvais sur le Taro , avec mon bataillon.

L'historien de cette affaire de Sacca arrangée ainsi , paraîtrait , je ne sais par quel motif , avoir eu l'intention de la confondre avec une

---

(1) L'auteur.

autre qui a eu lieu sur ce point ; les 400 hommes cités , les barques recueillies , tout le
prouve , puisqu'en effet 400 et quelques hommes y furent pris, un pont y fut détruit : ce
fut un mois et demi après et dans la nuit du
13 au 14 avril 1814 , qu'avec une partie de
mon bataillon , j'obtins ce succès. Cette action,
qui a terminé celles en plate campagne , de
cette lutte longue et sanglante qui finit la même année , fut très-honorable pour mon bataillon , et prouva par le courage qu'il y dé-
ploya , combien nous chérissions la patrie , et
méritions une meilleure fortune.

Le même jour 14 avril, les généraux Rouget
et Schmitz et quantité d'officiers de tout grade,
vinrent au devant de nous , de Bazzolo , où
nos prisonniers étaient arrivés et où nous nous
rendions nous-mêmes , afin de nous donner
les preuves non équivoques de toute leur estime. Tous s'accordèrent à reconnaître , que
ce combat avait eu le double mérite d'avoir
étalé tout le courage de l'homme , et d'être de
la dernière importance quant au résultat, puisque les derrières de notre armée restaient li-
bres.

Je vais produire le rapport que j'en fis aussitôt , la réponse du chef d'état-major général
du corps du général Grenier et la lettre de félicitation des autorités italiennes. Tout prou-
vera que M.^r le général de Vignolles a été in-
duit en erreur, et que le mérite de cette action,
une des plus brillantes de nos longues guerres ,
appartient au bataillon seul que j'avais l'honneur de commander.

RAPPORT

DE

L'affaire de Sacca.

Casal-Maggiore, le 14 avril 1814.

A S. E. le lieutenant-général comte Grenier, commandant la première Lieutenance de l'armée d'Italie.

MONSEIGNEUR,

J'eus l'ordre hier, de réunir mon bataillon et de prendre le soir position devant Sacca où l'armée Napolitaine avait fait monter le matin un équipage de pont, qu'elle avait sans doute construit, dans l'une des deux rivières de Lenza ou de la Parma. Le 6.me bataillon du 3.me léger étant arrivé sur la ligne du Pô, prit le service de cette place et des environs ; mais comme ce bataillon reçut immédiatement l'ordre

de M.^r le général de brigade Darnault, de re-
partir, les dispositions dûrent être changées,
je crus devoir ne mettre que 3 compagnies de
fusiliers à Sacca, fortes ensemble de 200 hommes, l'autre ici, et les voltigeurs intermédiai-
res des deux points. (mes grenadiers sont à
votre quartier-général) , je me rendis à Sacca,
pour établir mes 3 compagnies et tracer une
redoute où j'attachai 150 paysans ; après ces
opérations et en reconnaissant le terrain des
environs, je fis une chûte de cheval, qui me
disloqua un pied, cet événement me recondui-
sit à Casal-Maggiore : j'y étais arrivé à 10 heures et demie. A minuit, une batterie de 10 à 12
pièces et une fusillade terrible se firent enten-
dre à Sacca ; oubliant mon mal dès qu'il fut
nécessaire d'aller diriger les miens, dans le
danger qui les menaçaient, je me remis en
route pour Sacca ; tout ce qui était disponible
en ville eut ordre de venir remplacer mes voltigeurs ; ces derniers reçurent celui de venir me
joindre au point attaqué ; j'y courus à toute
bride ; j'appris dans mon trajet, par plusieurs
paysans, que l'ennemi était sur cette rive. Le
feu avait cessé de part et d'autre, j'étais dans

une inquiétude affreuse ; une illumination que je découvrais sur le Pô , produite par nombre de torches éclairant la construction du pont , me fesait croire à la possibilité de l'enlèvement de mes 3 compagnies , et je ne fus rassuré qu'à mon arrivée à une petite digue , en arrière de la position primitive , où je les trouvai bordant la haie , et n'ayant de projet , que de ralentir la marche victorieuse de l'ennemi , lorsqu'il aurait achevé d'effectuer son passage.

J'étais parfaitement pénétré de l'importance de ce point vis-à-vis de notre armée et de la nécessité de tout tenter pour le conserver, aussi dis -je hautement que cette plage allait être notre tombeau , ou que nous forcerions l'ennemi à se rembarquer s'il ne restait notre prisonnier.

Connaissant l'espèce de soldats que nous avions à combattre , le nombre m'importait peu.

Je donne une direction à chacune de mes compagnies , choisissant la moins périlleuse à ma première , qui seule , postée en avant au commencement de l'action , aurait pû être ébranlée par quelques boulets qui l'avaient pri

vée de plusieurs hommes. Les pièces étaient
sans doute pointées de jour , les premiers coups
mirent en lambeaux les planches de la cabane
où la garde se plaçait.

La nuit étant très-obscure , je fis prendre la
dénomination de 1.er , 2.me et 3.me bataillons ;
je me joignis à la compagnie qui devait le
prendre en flanc , ma manœuvre réussit très-
bien , ma colonne du centre attaque la première ; de mon côté , je serre , la fusillade s'engage
vivement par tout à 40 ou 50 pas de distance ,
mon cheval blessé s'abat ; relevé de cette chûte
et en position de ne devoir pas ressentir de
douleurs , je rejoins ma même compagnie , je
forme avec les officiers et les sous-officiers la
chaîne , en nous tenant par la main , derrière
le 3.me rang , et bayonnette croisée , nous mar-
chons franchement sur l'ennemi , nous nous
trouvons en un moment aux mains , l'ennemi
recule pour se reconnaître , laissant beaucoup
de prisonniers , je me remets dans le même
ordre , et le rejoint de nouveau un instant
après , la mêlée eut encore lieu , cette situation
était trop pénible , les soldats des deux partis
reculent à la fois , les miens étaient très-ar-

dents, ils se repliaient vers mes deux autres
compagnies qui ne prirent part à l'action que
par leurs coups de fusil, qu'ils dirigeaient sur
ceux qu'ils voyaient partir devant eux, par conséquent sur moi comme sur l'ennemi, puisque
j'avais été deux fois mêlé avec lui. Dans une
conjoncture aussi critique, j'eus une idée ins-
pirée. Ce fut un coup de fortune ; je prononce
très-haut le mot parlementaire, et j'ordonne de
ne pas tirer ; il fut très-bien compris par l'ennemi. Je lui propose de se rendre, s'il veut
conserver la vie, il hésite pour se décider ; je
le presse, il y consent ; je lui ordonne de dé-
poser ses armes et de faire par le flanc gauche,
ce qu'il exécute. Enfin, Monseigneur, cette
entreprise toute d'audace, a été couronnée du
plus parfait succès, tout ce qui avait passé sur
de petites barques à 2 milles au-dessus est prisonnier ou tué ; il se compte au-delà de 450
prisonniers dont 7 officiers : tous, grenadiers,
voltigeurs et sapeurs, plusieurs officiers et soldats qui ont voulu tenter de repasser se sont
noyés, du nombre, un officier, suisse de na-
tion ; les troupes de l'autre rive ne pouvant
diriger leurs coups, sont restées inactives.

La perte de mes 3 compagnies s'élève à 10 morts et 38 blessés : 7 morts et 31 blessés, appartiennent à celle qui était avec moi, les 3 autres morts à la 1.re

Le capitaine Rousseau commande cette compagnie qui a tout décidé ; ses lieutenants sont dignes de lui , ils ont tous reçu quelques coups de bayonnettes , sans faire néanmoins partie de l'état des blessés. Sollier , lieutenant , commande la 2.e, il est très brave , tous les officiers , enfin tout le monde a fait son devoir ; jamais je n'ai été aussi orgueilleux de les commander.

Cette heureuse affaire me comble sous tous les rapports de joie ; elle vaudra à mon bataillon toute la confiance de nos chefs : vous lui accorderez la vôtre , Monseigneur, je me rends garant que toujours il saura la justifier , ainsi que des faveurs qu'il vous plaira lui faire obtenir par S. A. I. le Prince vice Roi , lorsque V. Ex. m'aura permis de lui adresser un état de demande.

Il reste à notre pouvoir quelques barques , des palissades et chevaux de frise , que l'ennemi avait passés pour sa tête de pont , et dont partie était déjà placée ; encore quelques minutes l'ennemi était retranché.

J'enverrai les armes à Bozzola.

Sur la demande des officiers prisonniers , j'enverrai un parlementaire chercher leurs porte-manteaux.

C'est le général de division Montemajor , qui commandait l'expédition ; il a dit-on 18000 hommes : j'ai connu ce général en Calabre , colonel du génie , je ne le crois ni très-expérimenté , ni très-intrépide surtout.

Je suis , etc. , etc.
BLADINIERES.

RÉPONSE DU CHEF D'ÉTAT-MAJOR GÉNÉRAL.
N.° 95.

Au quartier général de Mantoue , le 16 Avril 1814.
A Monsieur le chef de bataillon BLADINIÉRES.

M. LE COMMANDANT ,

J'ai mis sous les yeux de S. Ex. M. le lieutenant-général comte Grenier , commandant la 1.ʳᵉ lieutenance de l'armée , le rapport circonstancié de votre brillante affaire contre l'armée Napolitaine. S. Ex. à lu avec plaisir les nouvelles preuves que vous avez données de votre sagacité dans les moments difficiles, de l'oubli de vous - même lorsqu'il s'agit de bien servir, et de votre bravoure accoutumée : Elle m'a chargé de l'adresser à M. le général de division chef de l'état-major général de l'ar- mée, comte Vignolles, avec instante invita- tion de mettre cette pièce sous les yeux de S. A. I. le prince vice Roi, pour obtenir une mention éclatante à l'ordre du jour, et la bonté du prince à votre égard personnel.

Vous pouvez être assuré que par justice comme par attachement pour vous, je n'ai rien négligé de tout ce qu'il y a de brillant dans votre affaire, et que j'ai été moi-même la recommander à M. le général de division comte Vignolles. Continuez, mon cher com- mandant, avec cette force et cette fermeté : un brave officier tel que vous, doit-être remar- qué en tout tems et faire sa carrière militaire.

Recevez la nouvelle assurance de ma par- faite estime, etc, etc.

Le chef de l'état-major général de la
1.re Lieutenance.

SIGNÉ, **BAZIN DE FONTENELLE**

REGNO D'ITALIA.

DIPARTIMENTO DELL'ALTO PO.

Casal Maggiore, li 14 Aprile 1814.

N.° 907.

IL PREFETTO,

Al Signor Bladinieres capo battaglione del cinquantesimo secondo reggimento , etc., etc.

Molti titoli ha ella ottenuti alla publica considerazione e stima degli abitanti di questo distretto a tutto ciò si aggiugne la più vera e sentita riconoscenza per avere nella scorsa notte con tanto valore militare ed intrepidezza sostenuto il carattere di prode militare nell'attacco nemico, e nella disfatta dello stesso. Non vi ha dubbio ella ed i corpi militari, che sono sotto i di lei ordini, hanno operati prodigi de specchiatissimo coraggio ed avedutezza. Ma quanta lode si dee al soldato , tutta risale al merito ed alla sapienza del benemerito capo che lo regge. A lei in special modo ed alla truppa io testifico il sentimento vivissimo di

riconoscenza , ed il dispiacere di vederla par-
tire chiamato ad altre militari operazioni. Il
Dio degli eserciti sempre la renda illesa dall'os-
tile furore, e possa ella lungamente essere felice!

Ho ordinato che una vettura a due Cavalli
gratuitamente la trasporti a Piacenza , testi-
monio ben piccolo , ma meritato al molto
ch'ella ha fatto per questa comune e distretto.

Mi onoro , signor capo battaglione , di ras-
segnarle la piu distinta stima e considerazione.

BAGOLINI. (1)

TRADUCTION.

» Votre conduite vous a mérité la considération publique et principalement celle des ha-
bitans de ce district. Agréez, au nom de tous ,
l'hommage de la reconnaissance la plus vraie
et la mieux sentie , pour la bravoure et l'in-
trépidité que vous avez montrées la nuit dernière en attaquant l'ennemi. Sa défaite, on
n'en saurait douter , est votre ouvrage , ainsi

(1) Ces deux pièces sont entre mes mains : je les dé-
poserai au besoin chez tel Notaire qu'on voudra indi-
quer.

que celui de vos braves compagnons d'armes.
Ils ont fait dans cette circonstance comme
dans d'autres des prodiges de valeur dignes du
mérite et de l'expérience du chef qui les commande. Recevez donc tous et vous spéciale-
ment, commandant, l'expression de ma plus
vive reconnaissance, et du regret que j'é-
prouve de vous voir partir pour suivre d'autres
opérations militaires.

» Que le Dieu des armées vous soit toujours favorable , et que vous viviez long-tems
heureux !

» J'ai ordonné qu'une voiture à deux chevaux soit mise à votre disposition pour vous
transporter gratuitement à Plaisance, comme
un témoignage bien faible, mais bien mérité
de tout ce que vous avez fait en faveur de cette
commune et de ce district.

» J'ai l'honneur, Monsieur le Commandant, d'être avec la considération la plus dis-
tinguée. »

BAGOLINI.

La municipalité m'écrivit aussi sa lettre de
félicitation ; sa députation m'offrit deux chevaux pour celui que j'avais perdu : je les re-
fusai.

Un fait d'armes semblable , valait la peine d'être mis sur le compte de ceux qui l'avaient fait ; je rends trop de justice au caractère du général de Vignolles , pour accuser son impartialité. C'est sur des notes fournies à Paris qu'il a écrit ; il avait été privé , comme je l'ai déjà dit , des documens nécessaires ; son précis est cependant le seul ouvrage sur ces deux campagnes , je le dénonce à S. Ex. Monseigneur le Ministre de la guerre , comme ne justifiant en rien le titre qu'il porte.

Cette affaire de Sacca à laquelle on me fesait participer à la suite du général Bonnemains , est toute de moi et de mon bataillon ; ce général d'ailleurs n'en a pas besoin pour sa gloire ; sa réputation était brillante alors , il l'a encore embellie par sa campagne de 1823 en Espagne , où il a été élevé au rang de lieutenant-général. Nous au contraire , nos jours de bonheur datent pour ainsi dire de cette époque ; j'ai langui depuis dans l'exil , les persécutions et les disgraces. On vient de le voir , on ne me prédisait pas ce sort.

L'auteur du précis , après avoir préludé à l'expédition du général comte Grenier sur Par-

me , et l'avoir conduit sur le Taro le 27 février , lui fait passer ce torrent le 2 mars ,
parle des dispositions pour l'attaque et rap-
porte (page 155) que : « Le colonel Broussier
» du 9.⁰ de ligne dirigea sa marche le long des
» remparts , avec son premier bataillon et un
» piquet du 1.ᵉʳ de chasseurs Italiens , toutes
» les portes étaient fermées et gardées , fait
» escalader les murs , se fait ouvrir la porte
» St. François , etc., etc. » (Le sous-lieutenant
Hutinet et le caporal Richon , tous deux des
voltigeurs , sont cités pour avoir escaladé et
afin de corroborer la version).

J'ai connu le colonel Broussier , brave et
loyal militaire ; il n'a pas besoin des actions
des autres pour illustrer son nom : à la prise
de Parme même sa conduite fut assez brillante,
c'est par conséquent, et j'en suis sûr , lui faire
plaisir que de rétablir les faits. La campagne de
1823 en Espagne , a valu les étoiles à ce colonel : heureuse les armées qui peuvent comp-
ter beaucoup de braves généraux comme lui !

Voici les faits vrais pour l'expédition de
Parme.

Nous partîmes de sur le Taro en 3 colonnes ,

le comte Grenier commandait en chef et était
à celle du centre, le général Jeanin condui-
sait la gauche et le général Schmitz la droite,
à laquelle j'appartenais. Le général Grenier
avait tracé les instructions pour chaque colonne. Le commandement de l'avant-garde de
celle de droite m'était confié ; à mon bataillon
on joignit deux compagnies de voltigeurs du
9.° régiment de ligne, et cent chasseurs à cheval Italiens: mes instructions portaient, qu'aussitôt que j'aurais passé la rivière au gué et de
vive force, je devais enlever ou repousser vi-
goureusement tous les postes qui m'étaient
opposés, et qu'arrivé à hauteur d'un certain
chemin, qui communiquait à la colonne du
centre, je devais m'y rendre avec mon bataillon
seulement, afin d'attaquer les derrières de
l'ennemi, s'il paraissait se défendre avec achar-
nement contre le comte Grenier.

Arrivé à ce chemin, je fis dire au général
Schmitz, que reconnaissant par la fusillade,
que l'avant-garde de la colonne du centre mar-
chait à ma hauteur, le mouvement ordonné
serait en pure perte, et que je ne pourrais arriver que pour me mettre à la queue de cette

colonne , au lieu d'en prendre l'avant-garde ,
comme mes instructions le portaient ; qu'il y
avait un chemin semblable à une lieue en
avant , que j'effectuerais là ce mouvement s'il
le reconnaissait utile. Le général Schmitz ap-
prouva.

Arrivé au second chemin , même succès que
nous à la colonne du centre ; j'en prévins le
général en l'informant que je marchais sur
Parme , découvrant déjà ses clochers. M. le
général Schmitz ne désaprouva pas d'abord ma
résolution. A quelque distance de là , le feu de
la colonne du centre devint stationnaire , je le
laissai beaucoup derrière moi , il s'animait
continuellement. Le général Schmitz m'envoie
l'ordre de m'arrêter , il était à une demi-lieue
de moi : lorsque son ordre m'arriva , les tirailleurs ennemis venaient de s'enfuir dans la
direction de ma droite , d'un galop de cheval,
j'avais reconnu les motifs qui déterminaient
l'ennemi à s'opposer avec cette opiniâtreté à la
marche de la colonne du centre. C'était pour
avoir le tems de faire passer à ses troupes , à
ses bagages le défilé de la porte de Plaisance !
aussi répondis-je à l'aide de camp , que le mo-

ment de la diversion ordonnée était arrivé, que j'allais la faire et que le général devait l'approuver : un autre officier revint bientôt pour me réitérer l'ordre du général ; mais j'étais trop près de Parme, il eut été dangereux de l'exécuter ; l'ennemi aurait garni ses remparts, ce qu'il ne fit pas, quoiqu'en dise le précis, et aurait pu m'écraser ; j'étais dans cette position où pour éviter des pertes, il faut se précipiter sur l'ennemi, j'étais sûr que plus tard, le général, au lieu de m'en vouloir, m'en saurait au contraire, bon gré. Un aide-de-camp m'est expédié une 3.e fois pour m'enlever les deux compagnies du 9.e régiment et mon piquet de cavalerie ; cet affaiblissement de forces servit à redoubler notre courage : j'étais arrivé au glacis. Je marche par tête de colonne à gauche sur la porte de Plaisance, où régnait la plus grande confusion ; je me déploie à 120 pas, ne pouvant passer outre ; l'ennemi était dans un tel désordre, qu'il me laisse commencer le feu, sa riposte me tua et blessa quelques hommes, de ces derniers fut le brave capitaine Boussagne, qui a été plus tard décoré pour cette action, par S. A. R. Monsieur, aujourd'hui notre Roi.

Mon engagement avec l'ennemi ne dura que le tems qu'il lui fallut pour pouvoir s'écouler par la fuite , et eut l'avantage de faire aussitôt lâcher prise aux troupes qui combattaient contre le général Grenier , lesquelles entendant la fusillade derrière elles , et se voyant coupées , entreprirent leur retraite par les champs à gauche de la ville ; aussi furent-elles entamées , ce qui n'aurait pas eu lieu , sans mon mouvement.

Le général Schmitz était arrivé sur notre champ de bataille , où il était accouru par l'effet de sa constante sollicitude pour ses troupes. On lui avait dit que j'étais tué , quelques blessés avaient donné cette nouvelle, mon cheval s'étant abattu par suite d'un coup de balle dans la tête , ma chûte me priva pour quelques instants de l'usage de mes sens , mais je les avais repris , lorsque le comte Grenier l'envoya complimenter par un aide-de-camp , sur la manœuvre qu'il venait de faire , et lui donner l'ordre de tourner la ville par la droite , jusqu'à la porte-neuve , afin d'y couper les colonnes ennemies qui pourraient en sortir.

Le général Schmitz nous mit de suite en

marche , et me confia de nouveau l'avant-garde. Effectuant notre mouvement par les glacis,
je m'aperçus qu'on pourrait facilement gravir
les murs ; je le fis tenter avec succès par mes
grenadiers ; lorsque une quinzaine furent des-
sus , je leur ordonnai de courir jusqu'à la première porte et de me l'ouvrir. Le poste autrichien qui la gardait se sauva à leur approche.
Je pénètre en ville ; le général Schmitz , per-
dant de vue la queue de mon bataillon , arrive
sur moi au galop , pour me rappeler que le
général en chef avait ordonné de tourner la
ville ; je répondis au général , que si le comte
Grenier avait donné cet ordre , c'est qu'il n'a-
vait pas prévu que nous pussions y entrer , que
nous y étions et que nous ferions bien d'y
rester. Pendant ce colloque , sa colonne com-
posée de 3 bataillons du 9.ᵉ régiment , d'un
bataillon du 67.ᵉ et d'un piquet de cavalerie ,
s'engageait dans la ville sur mes traces : le général présent je fis enfoncer une porte par un
coup de fusil , afin d'avoir un habitant pour
nous conduire à la citadelle , et pouvoir profi-
ter du premier moment de stupeur ; chemin
faisant , une colonne ennemie d'un millier

d'hommes se dirigeait dans une rue où nous allions déboucher ; un mouchoir blanc à la main en signe de parlementaire , je vais vers elle , je lui montre la position de nos troupes , elle jète ses armes et se rend : elle avait à peine défilé dans un jardin à côté d'une porte de la ville , que nous vîmes arriver d'un autre côté , une autre colonne de 4 ou 5 cents hommes , qui se rendit de la même manière. La citadelle était en vue , j'y envoie un de mes officiers: il frappe , on lui ouvre , il n'y avait dedans qu'une faible garnison. Dans son précis , M. de Vignolles prétend qu'il a fallu enfoncer la porte ; on l'a trompé , avec intention sans doute , car une porte de citadelle enfoncée à coups de hache , fait toujours effet.

J'appris que la porte où nous étions , n'était pas la porte neuve ; j'en prévins le général , il y envoya aussitôt le colonel Broussier avec son régiment , qui en passant devant nos trophées , se prit d'un tel enthousiasme , qu'il courut à toutes jambes à la porte neuve : le colonel se lance de trop loin , pour couper la colonne qui en sortait , il est entraîné par elle , ses grenadiers se précipitent pour l'arracher des mains de l'ennemi, ils y réussissent ; il ne laissa avec eux je crois que son cheval et sa montre : il en fut bien indemnisé, en comptant après 7 à 8 cents prisonniers.

Voilà les faits tels qu'ils se sont passés à notre colonne pour la prise de Parme, qu'aussitôt effectuée ; on rallia toutes les troupes en dehors de la porte neuve, pour nous mettre de nouveau à la poursuite de l'ennemi sur la route de Reggio ; mon bataillon eut encore l'honneur d'être replacé à l'avant-garde, et de forcer à lui seul, ce soir même le pont de Lenza, d'où il fut retiré immédiatement après, pour aller à 4 lieues au-dessous s'emparer d'un autre pont, afin d'y couper la retraite d'un corps de 1200 hommes : on me donna en plus un demi bataillon du 67.ᵉ régiment et cent chevaux Italiens: je ne pus atteindre que l'arrière-garde de ce corps qui passait, au moment où j'arrivai ; j'y fis 60 prisonniers dont deux chirurgiens.

Revenant de Lenza, allant au devant du général Schmitz demander ses ordres, avant de me les donner, il voulut m'embrasser et me serrant affectueusement sur son sein, il me dit: *on serait injuste, ou cette journée vous fera colonel.* Ce brave et bon général avait plus d'une fois en ce jour, et au milieu du feu, crié, vive le 5a.ᵉ régiment.

Ce n'est donc pas le colonel Broussier, ni son régiment, qui entra le premier dans Parme. Cette action est toute de moi ; j'y pénétrai par mon unique résolution et j'y entraînai le restant de la colonne ; c'était aussi de ma propre résolution, que j'avais attaqué les Autrichiens entassés à la porte de Plaisance : ce fut par ce fait d'armes, que l'ennemi lâcha prise sur la colonne du centre, et qu'il fut obligé de diriger sa retraite de manière à pouvoir être entamé. Enfin les résultats glorieux de cette journée, où nous fîmes prisonniers trois mille hommes, avec des canons, des caissons et des fourgons, sans presque aucune perte de notre part, n'appartiennent pas à ceux qu'on a cités, comme les ayant déterminés ; ils sont la conséquence de la reconnaissance que je fis seul et de mon propre mouvement, de la position de l'ennemi devant Parme, de l'opportunité de mon attaque et de la bravoure avec laquelle mon bataillon l'exécuta.

Le général Schmitz est encore plein de vie et habite Paris , je crois ; c'est à lui et à tous les officiers de sa colonne que j'en appèle. L'ouvrage de M. le général de Vignolles parait avoir été fait et sur de faux renseignements et pour satisfaire certains amours-propres affamés. Cet ouvrage cite , pour cette affaire de Parme, une centaine de noms , le mien y est compris , ainsi que celui de Beret, mon capitaine de grenadiers ; mais nos actions sont expliquées en faveur d'autrui ; nous les reprenons , elles sont notre patrimoine.

Page 148 du précis , il y est dit : « le 26 fé- » vrier l'ennemi fit quelque résistance à la po- » sition de Seno ; mais le général Grenier » ayant fait tourner sa gauche par Castel Nuovo » di terzo , il continua son mouvement de re- » traite et fut poursuivi l'épée dans les reins etc. » C'est mon bataillon qui fut chargé de cette mission : au moment où j'engageai rudement le combat , le prince Eugène arrivait ; il demande au comte Grenier , quel est l'obstacle qui l'arrête ? le général le lui explique et le prévient que c'est mon bataillon qui combat pour tourner la position ; le prince fit observer qu'il aurait fallu envoyer deux bataillons. Le général Grenier lui répondit , qu'il me comptait toujours avec mon bataillon pour ce nombre. Cette attestation éclatante de notre courage nous fut rapportée sur le lieu même , par les officiers d'état-major Violette, Carel , etc., etc. Nous venions d'ailleurs de la justifier autant qu'il avait dépendu de nous , en débusquant de leurs rétranchemens 2 ou 3 bataillons , soutenus par de la cavalerie et de l'artillerie.

Il parait que personne n'a voulu de cette affaire , elle était cependant belle et heureuse ; il est mieux de croire, qu'on n'y a pas pensé.

Je pourrais encore révendiquer des actions qui m'appartiennent ; je pourrais citer Regersdorff , que nous abandonnâmes de nuit nous retirant sur le Tagliamento ; faisant l'arrière-garde , je fus laissé à 3 lieues de ce point ; vers 3 heures du soir , je reçus un obusier et une pièce de 6 avec l'ordre de revenir à Regersdorff : je rencontre de suite les Autrichiens; je les ramène à ce dernier lieu où ils paraissent vouloir se défendre ; je fais mettre les deux pièces en batterie avec ordre de tirer précipitamment sur le village et sur la cavalerie

qui était à droite de ma route ; je me préci-
pite avec mon bataillon sur le village , nous
y fîmes une centaine de prisonniers , et net-
toyâmes la plaine ; occupant la position de la
veille , j'attendis le restant de la division. Le
général Rouget qui la commandait et le général Grenier , nous firent l'honneur de nous dé-
clarer qu'ils étaient très-contents de nous. Le
très-descriptif précis n'en dit pas un mot : à
ce même Regersdorff quelques jours plus tard ,
le Prince y fut attiré de son quartier-général ,
par le bruit de l'artillerie ; avant de retourner
il me manda des avant-postes , et devant les
généraux Grenier et Rouget , il me dit qu'il
était content de moi , mais qu'il m'engageait
à ne pas , sans de plus grands motifs , m'ex-
poser en sous-lieutenant , comme il avait vu
que je venais de le faire ; ce furent ses propres expressions. Ma compagnie de voltigeurs et celle du 7.ᵉ régiment de ligne étaient
menées par l'ennemi ; je passe au galop de
cheval parmi les tirailleurs Autrichiens , je
gravis de même le bois , je joins les voltigeurs ,
j'envoie un sous-officier avec mon cheval chercher à toute bride des cartouches , et reprends

ensuite le terrain qu'on avait perdu : la nuit nous sépara peu après.

Dans cette affaire on cite cependant des noms ; mais qu'importe , que ce soit mis sur le compte des autres ? ce sera toujours assez , pour faire juger ce prétendu précis. MM. les généraux Grenier , Rouget , Verdier , Schmitz , sous les ordres desquels je me suis trouvé dans cette armée qui sont, j'aime à le croire , encore pleins de vie , les officiers de tout grade , les soldats mêmes , sauront attester au besoin, ce que je viens d'avancer.

J'ai déclaré que je ne voulais relever que les erreurs commises au préjudice de mon bataillon et de moi ; je n'ai commission de personne ; l'insuffisance de mes moyens ne m'aurait pas permis d'en accepter , et si je me suis déterminé à tracer ce peu de pages , c'est que dans ma position , je dois tenir plus que tout autre aux actions de ma vie : je n'ai qu'elles pour obtenir la considération qu'en général , on ne refuse jamais à un officier d'honneur , et pour être relevé de la disgrace où m'ont plongé les malheurs des tems.

Avant de finir , je ne puis résister au désir de

relever encore une des erreurs que je vois dans ce précis ; il y est dit : (page 153) « Le roi de » Naples vint le 29 au soir visiter la ligne des » avant-postes Autrichiens sur le Taro , le gé- » néral Rambourg voyant un groupe de cavale- » rie fit tirer trois coups de canon qui le disper- » sa , etc., etc.» Je ne sais pourquoi on a écrit ce qui précède , avec cette ambiguité , et pourquoi on a mis cette action sur le compte du général Rambourg ; il est constant que ces coups de canon ont été tirés au roi de Naples , parfaitement reconnu avec nos lunettes; mais s'ils doivent faire honneur à leur auteur , c'est M. Barré , alors lieutenant au 4.ᵉ régiment d'artillerie légère , aux avant-postes sur le Taro avec sa demi-batterie , qui doit en jouir. Cela s'est passé devant mon bataillon et moi et sur notre front ; le général Rambourg n'y était pas.

Je prie le lecteur de croire que je n'ai pas comme on dit trivialement , visé à l'effet : si tel eut été mon objet, j'aurai pû amener d'autres campagnes qui m'auraient fourni am- ple matière; ma position pourrait l'exiger, mais je ne le ferai pas : je l'ai déjà dit, je n'aurai pas

même parlé de celles-ci , si on n'y avait pas
défiguré nos actions.

Ce furent ces mêmes actions, qui me va-
lurent pendant les cent jours , le commandement d'un régiment : mais j'eus le malheur de
trouver dans mon pays des personnes dont les
antécédents étaient peu favorables à l'ordre
de choses qui venait de s'établir , et voulant
coûte qui coûte , se réhabiliter afin d'être main-
tenus ou portés sur des états d'appointements,
objets de leur constante ambition et tarif de
leur conscience , elles imaginèrent de prêter à
mon avancement des causes qui lui étaient
étrangères , pour avoir le prétexte de donner
aux principes qu'il leur convenait d'adopter ,
une haute garantie , par mon exil à Nîmes :
l'offre d'un cautionnement de deux cents mille
francs , que mes amis me mirent à même de
leur proposer , pour changer le lieu de mon
exil , les trouva inexorables : il me fallut partir. Si leur combinaison leur a réussi elle faillit
me devenir fatale et m'a été bien funeste ; heu-
reusement ces tems sont déjà loin de nous,
aussi ne veux-je plus les rappeler, que pour
demander meilleure justice.

FIN.

LILLE. — IMPRIMERIE DE V. LELEUX.

9 782329 046624